脳と目の科学・2

だまされる脳

脳と目の科学・2

だまされる脳

クライブ・ギフォード 著

ゆまに書房

Brain Twisters: The Science of Thinking & Feeling

Copyright © 2015 by Ivy Press

Japanese translation rights arranged with Ivy Press
through Japan UNI Agency,Inc.,Tokyo

※錯視には個人差があります。そのため、本書で解説している
とおりには見えないこともありますので、ご了承下さい。
（ゆまに書房 出版部）

もくじ

驚きの脳	6	36	推測ゲーム
脳の秘密	8	38	知能とは何か？
脳をまる裸にする！	10	40	論理的思考とは何か？
神経は複雑！	12	42	問題を解決する
脳は2つある!?	14	44	感情の秘密
脳の奥深く……	16	46	感情と体の関係
脳は年中無休	18	48	言葉ではない「言葉」
五感以外の感覚	20	50	恐怖症を探る！
まっすぐに見る	22	52	思い出してごらん……
匂いと味の深い関係	24	54	短期記憶・長期記憶
触覚とは何か？	26	56	思い出せるかな？
驚きの耳の働き	28	58	記憶をよび起こすもの
「考える」を考える	30	60	脳は変化する
注意！注意！	32	62	用語解説
マジックの目くらまし	34	63	解答

驚きの脳

人間ってすごい！ もちろん、あなたも。こうしてこの本を読んでいることが、その何よりの証拠だ！ 読むということは、人が毎日やっている何百もの作業のたったひとつ、やろうと決めて実行する多くのことのひとつにすぎない。そうした作業すべての中心に、本当にすごい脳がある。脳は、体のあらゆる機能の調節を助けて、人を生かし続ける。それだけではない。学んだり、問題を解決したり、記憶したり、何かを実行したりできるのも脳のおかげだ。つまり脳は、ベビーシッター、ガードマン、相談相手、秘書を、ぎゅっとひとつにまとめたものなのだ。

でも、うぬぼれる前に、知っておく必要がある。あなたも脳も、100パーセント完璧というわけではない。脳は、感じたことをいつも正しく解釈するわけではないし、思いどおりに理解したり実行したりするわけでもない。あらゆることをいつも完璧な正確さで、記憶し、思い出すわけでもない。この本では、脳がどんなふうに働くか、時とともにどう変化するかを、すべてお見せしよう。脳のパワーを実際に確かめることができる、ちょっとしたしかけやトリック、動作を紹介し、脳がどうやって問題を解いたり、感情や性格に影響を及ぼしたりするかも教えよう。では、脳をしっかり働かせて、飛びこもう！

この本で
出合える内容を
ちょっとつまみ食い。

ゾッとする理由

クモを見るとゾッとするって？ 50ページを見てみよう。恐怖を感じるメカニズムの引き金を引くのは、脳のどの部分かがわかる。脳がどのようにして危険を判断するのか、なぜ、ときには間違った判断をしてしまうのかも学べる。

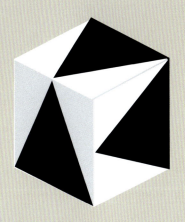

3次元で見る

見たものの奥行きがわかるのは両目が離れているおかげだとしても、形や空間を3次元で見たり考えたりする能力の多くは、あなたのすごい脳とその処理能力によるものだ。くわしく知りたければ39ページを見てみよう。

だまされる視覚

目と脳がいっしょになって、驚くほどすぐれた視覚システムができあがっている。しかし、22～23ページを見ればわかるように、そのシステムはミスをしたり、トリックに引っかかって錯覚を起こしたりもする。

7

1 脳の秘密

重さ1.5キログラムほどのピンク色がかったぶよぶよのゼリー。それが人の脳だ。あまり感動的な外見とはいえないかもしれないが、このどっしりしたかたまりこそ、最も偉大な仕事のいくつかが行われた場所なのだ。脳は、目を見張るような発見や発明、芸術作品を生んできた。それにも増してすごいのは、わたしたちひとりひとりの脳が一日も欠かさずこなしている平凡な仕事の量の膨大さだ。

脳はすぐに反応するデータ処理中枢だ。

情報ハイウェイ

脳は四六時中、体のあらゆる部分からの「緊急要請」に対応している。各部分の状態や位置を伝えるシグナルが脳に集まってくるのだ。そうしたデータはすべて、神経のネットワークを通じて運ばれる。脳はそれをフィルターにかけ、仕分けなければならない。場合によっては、シグナルに応じて行動を起こさなければならないこともある。

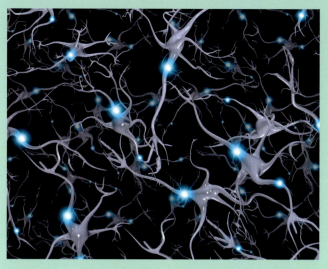

筋肉の主人

脳は体内の筋肉に毎日膨大な数の指示を出している。指示は神経系を通じて伝えられ、収縮したり（短くなったり）、弛緩したり（長くなったり）するよう、筋肉に命じる。腰を下ろすことからフェンシングの「突き」をすることまで、あらゆる動きにはたくさんの筋肉がかかわっていて、それらが一致協力して働く。脳はそのすべての動きを完璧な精度で調整しなければならない。

ニューロンのネットワーク

脳にはニューロンとよばれる神経細胞が無数につまっている。神経細胞はそれぞれほかの多くの神経細胞とつながって、信じられないほどすばらしい神経ネットワークをつくり上げている。こうしたつながりは固定的なものではない。つながる相手を変えることができるし、新しいつながりをつくることもできる。専門家の推測によれば、脳の内部では毎日100万を超える新たなつながりがつくられるらしい。

脳への考え方

脳をどう考えるかは時代とともに大きく変わってきた。たとえば古代ギリシャの人々は、脳が体温を維持し、心臓が知性を管理すると信じていた。その後、脳が本当はどんな働きをしているのかについて多くの科学的な発見がなされ、脳がさまざまな仕事をしていることがわかってきた。

脳をまる裸にする！

脳はヘルメットのように硬い頭蓋骨で保護されている。さらに、頭蓋骨と脳の間にある髄膜とよばれる、いくつかの膜も脳を守っている。髄膜の層と層の間には髄液があって、これが脳を取り囲む衝撃吸収材として働くのだ。

脳はいくつかの部分に分かれている。外側にある部分が一番大きい。これが大脳とよばれるもので、左右半分ずつに分かれていて、それぞれ大脳右半球、大脳左半球とよばれる。各半球は葉とよばれる6つの部分に分けられる。外側から見える葉は右図の4つだが、内側に島葉と辺縁葉の2つがある。それぞれが、異なるさまざまな役割をになうと考えられている。脳は脳幹で脊髄（12ページ参照）につながっている。脳幹の後ろ側には小脳があって、筋肉に送られるあらゆるシグナルの調整にかかわっている。

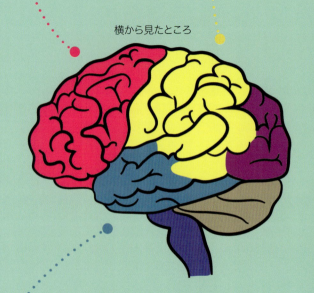

横から見たところ

前頭葉
天才たちは知っている。ここが、まじめで深い考えのほとんどが生まれる場所なのだ。前頭葉は問題を解決したり、計画をつくったり、深くものごとを考えたりするのに使われる。体の自発的な動きのほとんども、ここでコントロールされる。

側頭葉
音を聴き取ったり理解したりする。話すことや記憶、感情にもかかわっている。

頭頂葉（とうちょうよう）

感覚器官からの情報、たとえば味や手触り、痛み、温度などの情報の多くはここで処理される。頭頂葉はこうした情報のすべてにどの順番で対処するかを決める。

後頭葉（こうとうよう）

この大きな葉は視神経を介して目から送られてくるシグナルを処理し、視覚を形成する。

間脳（かんのう）

この部分は、ほとんどの感覚器官からの情報を脳のほかの部分に中継したり、動作のコントロールを助けたりと、忙しく働いている。睡眠と目覚めの調節をする。

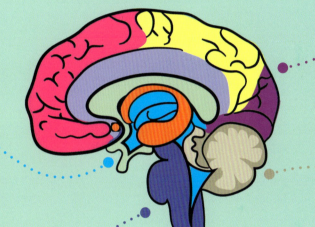

断面図

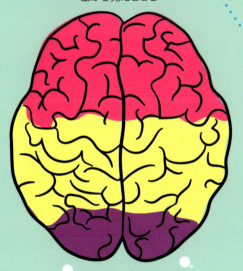

上から見たところ

小脳

このもうひとつの脳である「小さな脳」は大脳の後方に位置し、自発的な筋肉運動の調和をはかる。そして体のバランスを保ったり、自分と物体との距離を理解したりするのを助ける。小脳には、残りの脳全体を合わせたよりも多くのニューロンがある。

脳幹

これが脳と脊髄をつないでいる。また、心拍や血圧、呼吸をコントロールするといった、最も基本的な生命維持機能の多くもつかさどる。

左半球と右半球

2つに分かれた大脳の表面にはたくさんのしわがある。左右の大脳半球はひじょうに多くの神経線維でたがいに結ばれている。

神経は複雑！

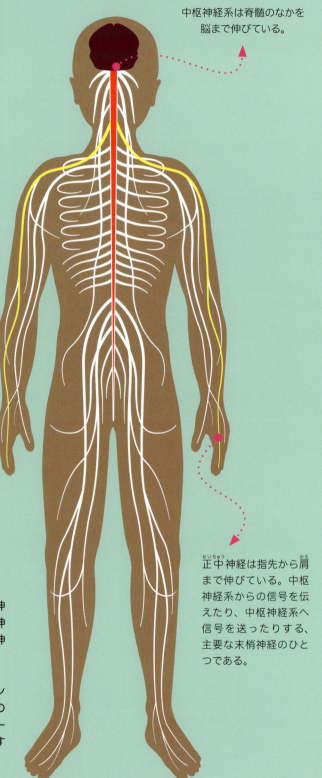

中枢神経系は脊髄のなかを脳まで伸びている。

正中神経は指先から肩まで伸びている。中枢神経系からの信号を伝えたり、中枢神経系へ信号を送ったりする、主要な末梢神経のひとつである。

　人間の体内には、世界一複雑なものがあることを知っているだろうか。神経系は膨大な数の神経細胞（ニューロン）からできている。なんと、1000億にも達するのだ！　そのひとつひとつがほかの多くの神経細胞とつながり、その結合の数は天文学的な数字にのぼる。

　脳はそんな神経系の一部分にあたる。神経系には神経細胞でできた神経線維の太い束もふくまれ、それが脳と体を結びつけている。シグナルがこの束にそって双方向に伝わるので、脳は体の内部で起きていることも、体が外部に対して起こす行動も制御できる。

神経のネットワーク

神経系は中枢と末梢の2つの領域に分けられる。中枢神経系は脊髄と脳からなり、そこから出る43対の異なる神経（末梢神経である脳脊髄神経）によって、全身の末梢神経系と結ばれている。

無数の末梢神経が体のあらゆる部分に伸び、微弱な電気シグナルを中枢神経系へ運んだり、逆に中枢神経系から体の各部分に運んだりしている。中枢神経系は情報のスーパーハイウェイで、脳へ送られたり、逆に脳から送られたりするあらゆる信号が、うなりをあげて通過する。

ニューロンをくわしく見る

ニューロンは樹状突起とよばれる突起を通じて、ほかのニューロンからシグナルを集める。シグナルは電気パルスとしてニューロンを通過するが、次のステップには神経伝達物質とよばれる特殊な化学物質が必要となる。この物質の助けによって、シグナルがニューロンの長いケーブル状の部分である軸索を離れ、次のニューロンの樹状突起にジャンプする。こうして、シグナルが次々に伝わっていく。それぞれのニューロンは、樹状突起と軸索からなる網目構造を通じて、ほかの何千ものニューロンとつながっているといえる。

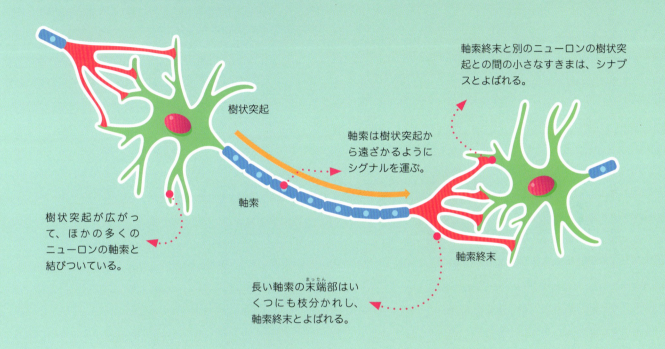

反応速度をテストしよう

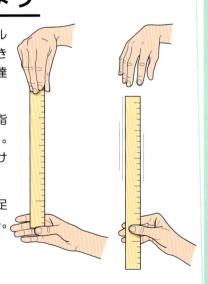

　神経系は決してぐうたらではない。ニューロンによって運ばれるシグナルは、時速430キロメートルにも達する高速で体内をかけめぐることができる。Ｆ１のレーシングカーより速いのだ！　こうしたすばやいシグナル伝達のようすを見るために、長いものさしを使う反応テストをしてみよう。

　誰かにものさしの上の端をもってもらい、下の端が自分の親指と人差し指の間にくるようにする。ものさしに触れないように、指どうしは離しておく。予告なしにものさしから手を離してもらい、落下するものさしをできるだけすばやく親指と人差し指でつかむ。

　実験を5回くり返し、指がつかんだところの目もりを読む。5回の値を足して5で割り、平均の反応距離を求める。下の表を使って、反応を採点しよう。

優秀	平均以上	平均	平均以下	劣る
<7.5cm	7.5–15.9cm	16–20.4cm	20.5–28cm	>28cm

13

脳は２つある！？

脳には、左と右、２つの側がある。真んなかから左右半分ずつ、つまり２つの半球に分かれているのだ。左右の半球は脳梁とよばれる神経線維の太い束でつながっている。脳梁は２億〜２億5000万の神経細胞をふくむと考えられている。

脳のそれぞれの側には、いくつか専門の分野があるようだ。たとえば左半球は言語を理解する際の特定の働きに、より深くかかわっていると考えられている。といっても、たいていの作業は２つの半球がいっしょに働いてやりとげる。

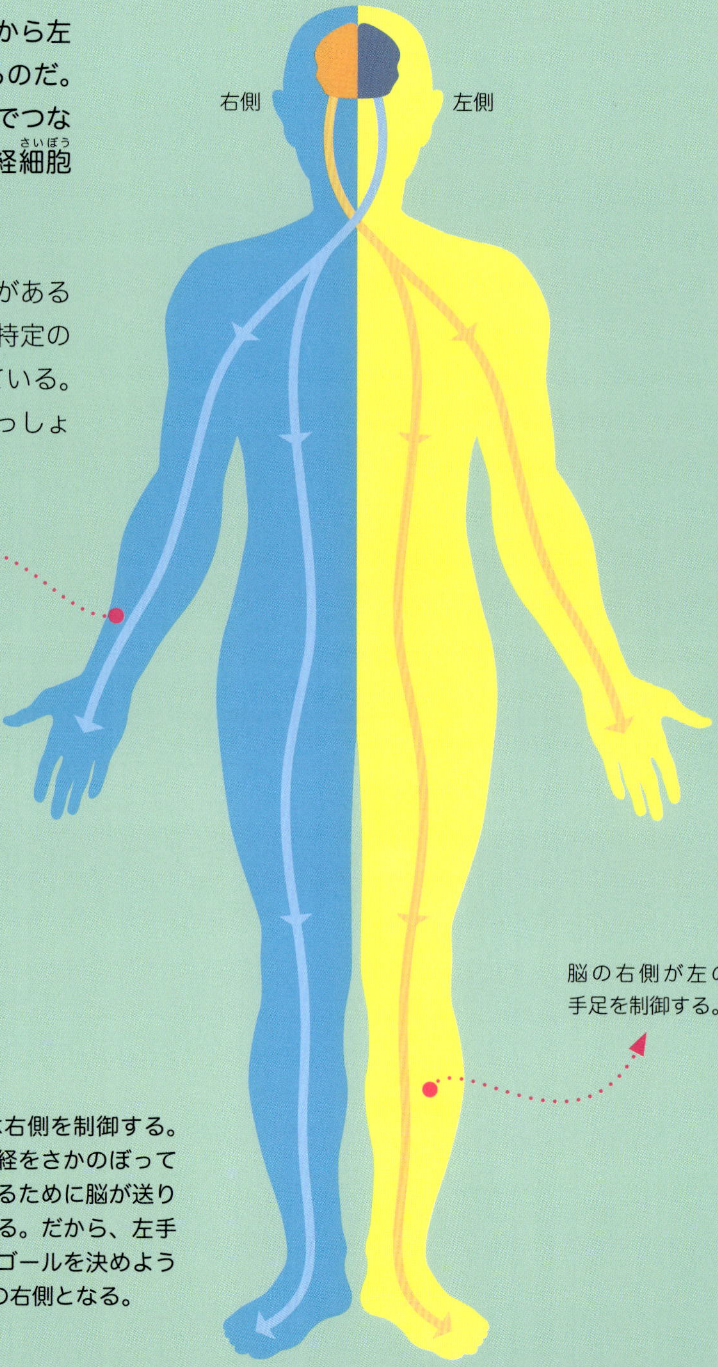

右側

左側

脳の左側が右の手足を制御する。

脳の右側が左の手足を制御する。

右と左が交差する

脳の右半球は体の左側を制御し、左半球は右側を制御する。右手で何かに触れると、そのシグナルは神経をさかのぼって脳の左側に届く。筋肉や体の動きを制御するために脳が送り出すシグナルについても、同じことがいえる。だから、左手をふってあいさつしたり、左足シュートでゴールを決めようとしたりするとき、その指示を出すのは脳の右側となる。

  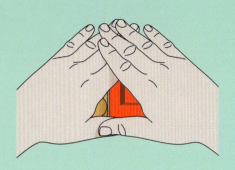

利き目はどっち？

左利き、右利きという言葉がある。どちらの手が器用かということだが、目にもそれがあることを知っているかな？ 両手を図のように重ねて、2センチメートルくらいの小さな三角形のすきまをつくる。カメラのファインダーのようなものだ。5メートル以上離れたところにあって、ちょうどそのすきまに収まるくらいのもの、たとえばドアの一部に注目しよう。手と頭を動かさないようにして、その対象物に注目しながら、片方の目を閉じる。次に、閉じる目をかえる。物体が三角形のすきまからあまりずれないのは、どちらの目が開いているときだろう？ どちらであろうと、それが自分の利き目というわけだ。

この人はほほえんでいるのだろうか？
顔をしかめているのだろうか？

楽しいのか？ 悲しいのか？

視野のどちらかが優位だということは、脳が、見えるものの片方の側に多くの注意をはらっているか、優位でない側の情報を無視しているということだ。写真の人物の鼻先を5秒間見つめてから、目をそらす。さて、この人は楽しそうだったか、悲しそうだったか、答えてほしい。大部分の人（70パーセントほど）の優位視野は左側（ほほえみの側）なので、「楽しそう」と答える人が多い。

脳の奥深く……

　脳の中心部深くには脳の土台となった組織があり、わたしたちの進化の歴史を遠くさかのぼった時代とつながっていると考えられている。これらがいっしょになって大脳辺縁系を形成し、驚くほど多様な働きをになっている。

　大脳辺縁系の一部である海馬は長期記憶に移す情報の選別を助け、学習に関与する。辺縁系のほかの部分は、感情をつくり出したり、警戒心をもたせたり、体の多くのシステムをなめらかに働かせたりするのを助ける。

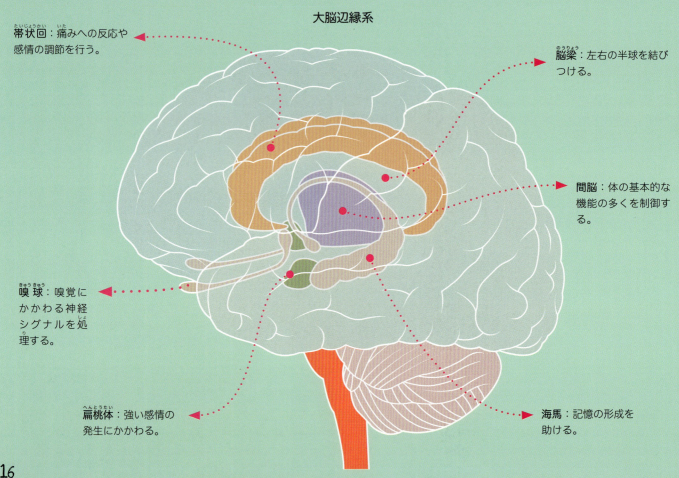

大脳辺縁系

帯状回：痛みへの反応や感情の調節を行う。

脳梁：左右の半球を結びつける。

間脳：体の基本的な機能の多くを制御する。

嗅球：嗅覚にかかわる神経シグナルを処理する。

扁桃体：強い感情の発生にかかわる。

海馬：記憶の形成を助ける。

人を生かし続ける脳

間脳にある視床下部はアーモンド一粒ほどの大きさしかなく、重さはわずか4グラムほどしかない。そんなにちっぽけでも、働きはなかなかすごい。おかげで、わたしたちがいちいち考えなくても、体はたくさんの作業をこなせる。視床下部は神経系と内分泌系の間の主要な連絡路で、ホルモンとよばれる化学伝達物質を送り出す。ホルモンは体のさまざまな部分に作用する。たとえば、あるホルモンは平滑筋収縮をうながして、食物の消化管移動を助ける。ほかにも、体温や食欲、血圧をはじめ、多くの機能の調整を助けるホルモンがある。

視床下部は体やその各部分の状態について、神経から大量の情報を受け取る。その情報に応じて、ホルモンを直接分泌することもあるし、隣にある下垂体を刺激してホルモンを分泌させることもある。

反射テストをしてみよう

まぶしい日の光を浴びてまばたきするときのように、動きのなかには大脳がかかわっていないのに起こるものがある。こうした動きは反射とよばれ、シグナルが大脳まで届かずに脊髄までで戻ってくる場合もある。この単純な経路は反射弓とよばれる。

反射が起こるところを見るには、誰かをイスに座らせ、足を組んでもらう。上になったほうの足は自由にブラブラ動くようにしておく。手の横の部分で、上になった足のひざ頭のすぐ下をたたいてみよう。正しい場所をたたけば、足は勝手に前方にはね上がる。それも、たったの0.05秒で！

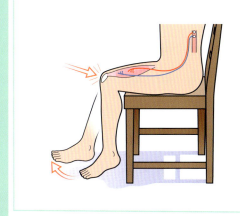

怒ったり、笑ったり

大脳辺縁系の一部は、悲しいとかうれしいとかいうような感情の発生に重要な役割を果たすと考えられている。たとえば扁桃体は生きのびることに直結する強い恐怖や怒りの発生と関係があり、危険に対する闘争・逃走反応（50〜51ページ参照）を起こさせる。これに対して帯状回は感情的な反応の調節にかかわっていて、特に痛みに対する反応を制御すると考えられている。また、視床下部の一部は、おさえきれないほどの大笑いを起こさせることもわかっている。

17

脳(のう)は年中無休

たとえあなたが何もせずボーっとしていても、脳はアクセル全開だ。脳を使っているとはまったく思っていないときも、常に活動している。完全に休むことは決してなく、年中無休で働いているのだ。それほどの働き者とあって、脳は体が空気から取りこむ酸素の20パーセント以上を使う。

脳は消化器系によって食物からつくられるブドウ糖(けい)(とう)も消費して、活動のための燃料とする。酸素とブドウ糖だけでなく、ほかの栄養素も血管系によって脳に運ばれる。脳の血管には、毎分1リットルもの血液が流れる。

見る:視覚(しかく)を働かせると、脳の後部にある後頭葉(こうとうよう)が活性化される。

聴く(き):音を聞くと、側頭葉(そくとうよう)の聴覚野(ちょう)(かくや)が活性化される。

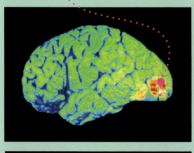
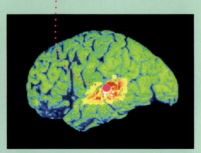
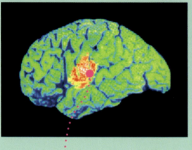
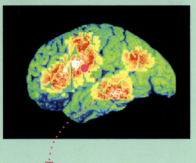

話す:話すと、脳の島皮質(とう)や運動皮質にある言語中枢(ちゅうすう)が活動する。

言語について考え、話す:脳の多くの部位の活動が高まる。

10パーセント神話はウソ

人は脳の10パーセントしか使っていないという古いつくり話を、まだ信じている人たちがいる。でもそれは誤(あやま)りだ！ 必要な作業に応じて、わたしたちがそのときどきで脳のあらゆる部分を使っていることは科学的に証明されている。たとえば、ポジトロン断層法(だんそうほう)(PET)による画像(左図)を見れば、いろいろな作業によって、脳のさまざまな部位が活性化されることがわかる。活動が高まった部位は赤や黄色で示されている。右下の画像では、話しながら文法や言語について考えることで、脳の多くの部位に爆発的(ばくはつ)な活性化が生じている。

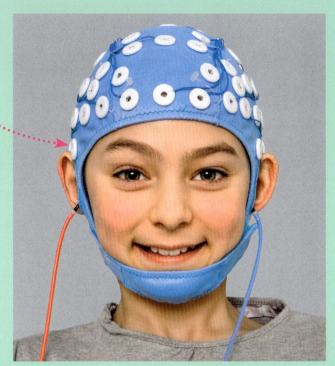

この帽子の内側には電気がある!

脳が「発火」する!

脳は電気活動と化学反応のかたまりだ。ニューロンが電気的な活動状態になることを「発火」という。ニューロンが「発火」して脳のさまざまな部分にシグナルを伝えていくにつれ、たえずふつふつとわきかえっているように見える。さまざまなタイプの医学スキャンや検査で、ニューロンが使うエネルギーあるいは発生させる電気を測定することができる。たとえばＥＥＧ（脳波）は小さな電極でおおわれた帽子を使って、脳活動の電気的パターンを検出し、測定する。ニューロンは「発火」するたびにごく少量の電気を発生させるので、たくさんのニューロンが「発火」すれば、それを電極で検出したり測定したりできるのだ。

眠りと夢の日記をつけよう

人が眠っているときでさえ、脳は活動している。睡眠にはいくつかの段階がある。夢を見やすいのはレム睡眠のときだ。

日記帳やノートに、睡眠の状態やどんな夢を見たかを、1カ月間記録してみよう。ベッドのそばに置いて、目覚めたらすぐに夢を書き留められるようにしておく。ベッドに入った時刻と目覚めた時刻、熟睡できたかそれとも夜中に何度も目が覚めたかを記録し、どう感じたかもふくめ、夢についてできるだけくわしく書き留める。

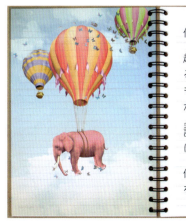

何時間眠れたか？

起きたとき、疲れていると感じたか、それとも元気いっぱいだったか？

誰か知っている人が夢に出てきたか？

似たようなテーマの夢を何度も見るか？

19

五感以外の感覚 2

頭蓋骨の内側に閉じこめられている脳には、脳以外の体の部分についても、周囲の環境についても、直接体験するすべがない。そこで、体のいろいろな部分からの情報に頼って、自分が今何をしているか、周囲で何が起こっているかを判断する。そうした情報の多くは、感覚からもたらされる。

人には五感、つまり視覚、聴覚、触覚、味覚、嗅覚がある。これまであなたはそう思っていたかもしれないが、じつはそれ以外にも多くの感覚がある。いくつか紹介しよう。

痛い！
痛覚受容器は神経系を通じて脳にシグナルを送る。痛覚は警報システムとして働き、体に損傷を引き起こしている行為を止めさせる。

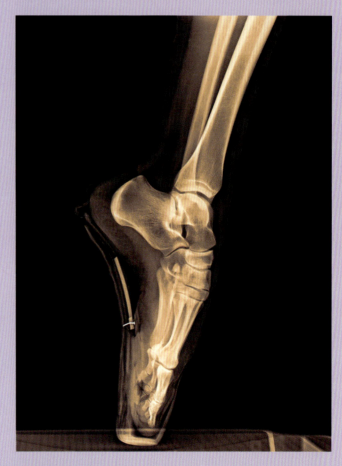

バランスをとる
脳と内耳とそのほかの部分がいっしょになって前庭系を形成し、動いたり、むずかしいバランスをとったりする際に体を直立させて安定させる。

ブルブルッ！

皮膚には多くの温度受容器がある。熱さまたは冷たさに反応する特殊な神経細胞だ。これらがいっしょに働いて、物体や周囲の温度の判断を助ける。

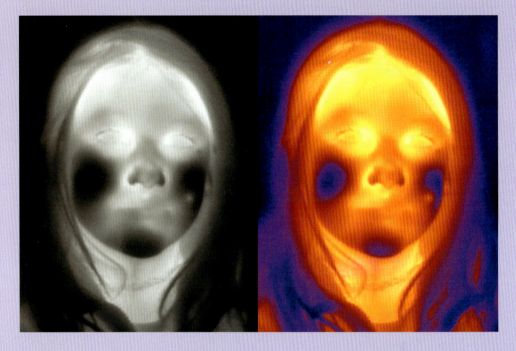

目をつぶったまま鼻に触れることができるのはどうしてか、ふしぎに思ったことはある？

ナイスキャッチ！

固有受容感覚は、体のあらゆる部分の位置を脳に教える。視覚といっしょに働いて、ボールをキャッチするというような、協調運動を助けることが多い。目をつぶったままいろいろな動きをすることも助ける。

お腹ぺこぺこ！

空腹感は体内のホルモンの放出によって引き起こされる。胃が空になるとグレリンとよばれるホルモンが放出され、食欲を刺激する。

21

まっすぐに見る

　目は、透明なゼリーがつまったふくれたボールのような形をしていて、視覚でとらえられる世界についての膨大な量の情報を集める。光は透明な角膜と瞳孔（目の前面にある黒い孔）を通りぬける。次いで光は湾曲した透明の水晶体によって屈折し（曲げられ）、目の奥にある網膜に焦点を結ぶ。

　網膜には無数の視細胞がつまっていて、さまざまな波長の光に反応する。この細胞が光シグナルを電気シグナルに変え、それが視神経を通って脳に届く。映像は脳で加工される。1本の視神経は約100万本の神経線維からできている。

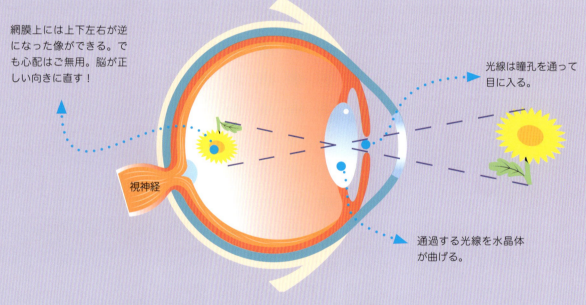

網膜上には上下左右が逆になった像ができる。でも心配はご無用。脳が正しい向きに直す！

視神経

光線は瞳孔を通って目に入る。

通過する光線を水晶体が曲げる。

ボールが消える

腕を伸ばした距離にこの本をもち、左目を閉じて女の子に焦点を合わせよう。本をゆっくりと引き寄せると、いったんボールが消え、再び現れる。これは盲点のせいだ。盲点は視神経が網膜につながる部分で、ここには視細胞がない。

円が動き出す

目や視覚はすごい働きをしているが、決して完璧ではなく、だまされて錯覚を起こすことがある。錯覚を起こさせるしかけのなかには、像の大きさ、色、どれくらい遠くにあるように見えるかなどを比べようとして、目や脳が四苦八苦するような画像を使うものがある。また、目が目前のものをたえずスキャンするやり方につけこんで、錯覚を起こさせる場合もある。静止しているのに、動くように見える像を使うのだ。この模様をじっと見つめてみよう。円形のパターンが外側に脈を打つように動くように見えるだろう。

片目と両目で見る

何かを見つめるとき、両目がそれぞれ見ている像にはわずかな違いがある。両方のシグナルが脳でひとつに統合され、優れた奥行き知覚をあたえる。つまり物体がどれだけ遠くにあるかを教えてくれる。このことを実際に確かめてみよう。コップを30～40センチメートル離れたところに置いて、片方の目を閉じる。誰かに頼んで、小さなボールを手にもってコップの30～50センチメートルくらい上であちこち動かしてもらう。ボールがコップのなかに落ちる位置に来たと思ったとき、「落として！」と声をかけよう。コップを置く場所を変えてこれを6回くり返し、次に両目を開けて、同じように6回くり返す。ボールがコップに入る回数が飛躍的に上昇するのがわかるはずだ。

匂いと味の深い関係

鼻には、信じられないような能力がある。脳と協力して、香水のブランド名から汗まみれのスポーツソックスの悪臭まで、1万種類近くの匂いをかぎ分けることができるのだ。鼻にすいこまれる空気は匂い分子をふくんでいて、この分子が嗅覚受容細胞によって感知される。嗅覚受容細胞は、鼻腔の屋根にあたる部分にある嗅球のすぐ下、鼻腔のてっぺんにある嗅覚受容器にふくまれる。

食べものの味がわかるのは、1万ほどある味蕾のおかげだ。味蕾はおもに口腔の底と両側、舌の上にあり、酸味、苦味、甘味、塩味、うまみという5つの基本的な味を感知できる。

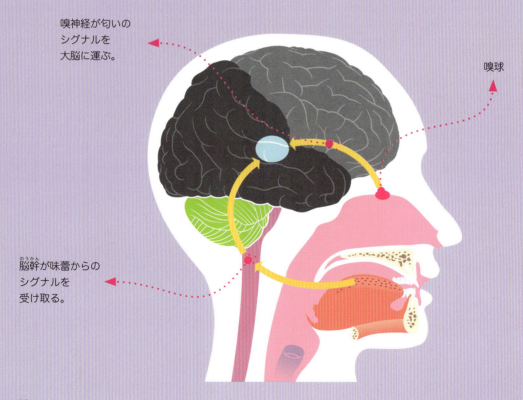

嗅神経が匂いのシグナルを大脳に運ぶ。

嗅球

脳幹が味蕾からのシグナルを受け取る。

脳への道

嗅球は親指の爪ほどの大きさしかないが、匂いをかぐ仕事はすべてここが行う。嗅覚受容器にある何百万もの受容器細胞は、それぞれ繊毛とよばれる細い毛のような突起をもち、それが匂い分子をキャッチする。するとシグナルが送られ、嗅神経がそのシグナルを、嗅球をへて脳に運ぶ。同じように、味蕾にある神経細胞がシグナルを送り、それが3つの異なる神経によって、脳幹に運ばれる。

鼻をつまんでキャンディーを口に

さまざまな風味のキャンディーのつめ合わせを容器に入れる。鼻をつまみ、目を閉じて、適当に1個選んで口に入れる。口のなかでとかしながら、どの風味のキャンディーか、当ててみよう。

30秒後、鼻をつまんでいた指を離して、再度、当ててみよう。さまざまな風味のキャンディーで、数回これをくり返す。

匂いの助けのあるときのほうが、ずっとよく当たるはずだ。味覚は5つのおおざっぱな味しか区別できない。風味を正確に知覚できるかどうかは、嗅覚を使えるかどうかに大きく左右される。ひどい風邪をひいて匂いがよくわからないときに、食べものが味気なく感じられるのは、そういうわけだ。

何が見える？

何の形が見える？

匂いと味の両方を使って食物の風味が判断されていることから、2つの感覚がいっしょに働く場合のあることがわかる。世のなかには、感覚が混じり合う共感覚とよばれる状態を体験する人たちがいる。ある言葉を読んだり、数字を目にしたり、特定の音を聞いたりすると、色や味、匂いを感じるのだ。この絵は神経科学者のヴィラヤヌル・ラマチャンドランとエドワード・ハバードが考案したものだ。絵を5秒間じっくり見てほしい。何が見えたかな？ 数字の5がたくさん？ 2も6個あったはずだ。2はどんな形に並んでいただろう。共感覚をもつ人の多くは5と2が違う色に見えるので、2がつくる三角形を簡単に見分けられる。

触覚とは何か？

　触覚は多くの感覚がまとまってひとつになったようなものと考えられる。体にはさまざまなタイプの触覚受容器がある。多くは皮膚にあって、それぞれ、圧力、軽い接触や強い接触、振動などの異なる刺激を感じとる。

　こうしたセンサーの送り出すシグナルが神経系によって運ばれ、脊髄をさかのぼり脳幹と視床をへて、大脳にある体性感覚皮質に届く。触覚によって手触りや形を感知できるので、目を閉じていても大脳は多くの物体を識別することができる。

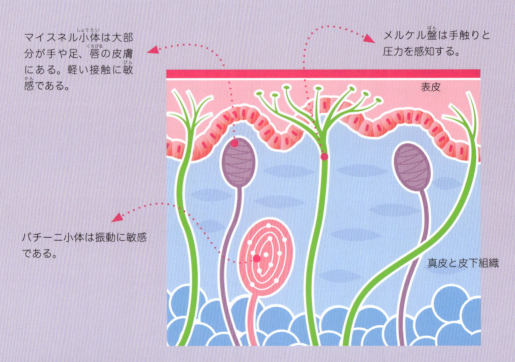

マイスネル小体は大部分が手や足、唇の皮膚にある。軽い接触に敏感である。

メルケル盤は手触りと圧力を感知する。

パチーニ小体は振動に敏感である。

表皮

真皮と皮下組織

人間最大の感覚器官とは

合わせて4キログラムほどになる皮膚は、人体で最大の感覚器官だ。表皮とよばれる外側の層と、表皮におおわれた真皮とからなり、さらにその下には脂肪に富む皮下組織の層がある。皮膚にはさまざまなセンサー（上の図）がつめこまれている。そのセンサーがそれぞれの役割を果たす結果、全体としての触覚が形成される。たとえば、とがったピンの先に触れたとき、けがをした場所に氷のうを当てたとき、それぞれ独特の感覚が生じる。

タッチテストをしてみよう

触覚受容器の数は体の部位によって違うので、敏感さにも違いが出る。二点識別テストを使って、触覚受容器が一番多く集まっている場所を見つけよう。

ペーパークリップを開いてU字形に曲げ、先端の間隔が2センチメートルになるようにする。目を閉じるか、手元を見ないようにしながら、そのクリップで体のさまざまな部位（たとえば指先、頬、手のひら、おなかなど）に触れてみよう。どこでクリップの先端が2つ別々に感じられるか、どこではひとつとして感じられるかを記録する。次にクリップ先端の間隔を1センチメートルにして、前のテストで2点の刺激として感じた場所を再びテストする。クリップ先端の間隔を2センチメートルより広くして、最初のテストで1点の刺激にしか感じなかった場所を再テストしてもいい。刺激を2点として感じる間隔がせまければせまいほど、その場所の触覚受容器の密度が高いことになる。

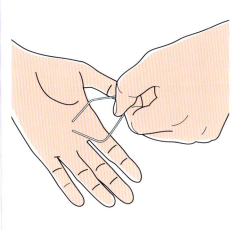

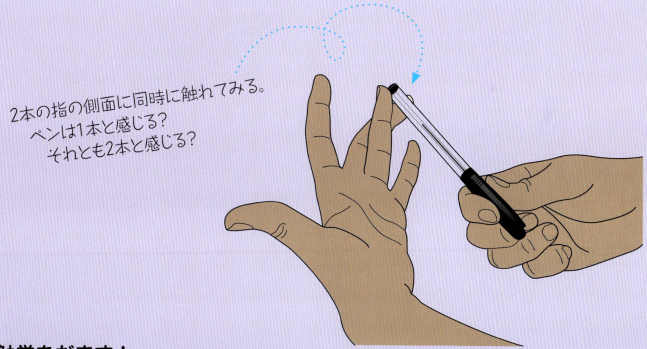

2本の指の側面に同時に触れてみる。
ペンは1本と感じる？
それとも2本と感じる？

触覚をだます！

触覚は簡単にだませる。中指と薬指を交差させてペンをはさんでみればいい。目をそらしながら、交差した指でできた小さなV字にペンを触れさせる。別々の2本のペンで触れられているかのように感じるのではないだろうか。これは「アリストテレスの錯覚」として知られている。ペンに触れている指の側面がふつうは十分に離れているので、2つの物体に触れていると脳が考えるのだ。

27

驚きの耳の働き

音は振動する圧力波として伝わる。耳は大きな音もかすかな音も集めることができ、それを増幅（大きく）して電気的なシグナルに変換することができる。脳がそのシグナルを処理すると、聴覚が生まれる。

耳は驚くべき器官だ。平衡感覚をつかさどる前庭系では主要な役割をになう。また、耳には体内で最小の骨をふくむ耳小骨がある。そのなかでも一番小さいのがアブミ骨で、大きさが3ミリメートル×2.5ミリメートル、重さが4ミリグラムほどと、米1粒の重さの16パーセントしかない。

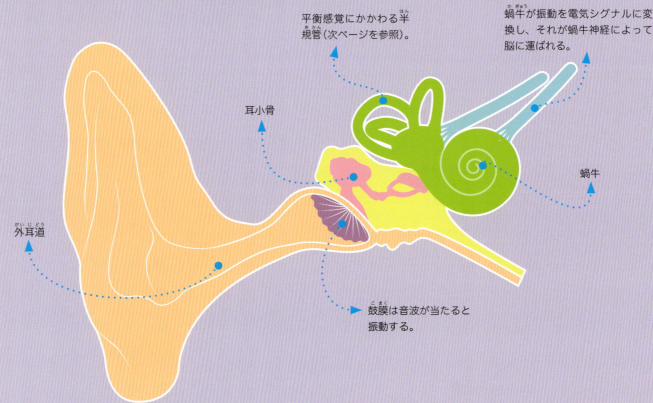

平衡感覚にかかわる半規管（次ページを参照）。

蝸牛が振動を電気シグナルに変換し、それが蝸牛神経によって脳に運ばれる。

耳小骨

蝸牛

外耳道

鼓膜は音波が当たると振動する。

すてきなバイブレーション

耳のうちでも頭蓋の外につき出た部分が、じょうごのように音の振動を集め、外耳道とよばれる管を通じて、頭蓋の内側にある部分に運ぶ。そこで音波は太鼓のような膜（鼓膜）を振動させる。耳小骨がその振動を増幅させてから、液体で満たされたぐるぐる巻きの管のような蝸牛に伝える。振動という物理的な運動を蝸牛が電気シグナルに変換し、それが蝸牛神経によって脳に運ばれる。

まっすぐ歩ける？

目が回る

平衡感覚はおもに、両耳にある3つの半規管がつかさどる。半規管は液体で満たされていて、内部にある微細な毛が液体の動きを電気的なメッセージに変換し、それが脳に送られる。5〜8回ほど体を回転させると、平衡感覚をしばらく混乱させることができる。その状態で、足をふみ外さないように細い線の上を歩いてみよう。なかなかむずかしいのがわかるはずだ。少しめまいを感じるかもしれない。これは、回転をやめた後も耳の内部にある半規管の液体がまだバシャバシャ動いていて、脳を混乱させるからだ。

目を閉じて、鼻に触る

いちいち見なくても触りたい体の場所に触ることができるのは、固有受容感覚のおかげだ。この感覚には筋肉や関節にある固有受容細胞がかかわっており、それが脳の助けを借りて、体のあらゆる部分がどこにあるかを感じさせてくれる。目を閉じてテストしてみよう。両腕を上にあげてから、片手で鼻に触る。次に左手の人差し指で右手の親指に触る。くり返し行って、正確さが増すかどうか調べてみよう。

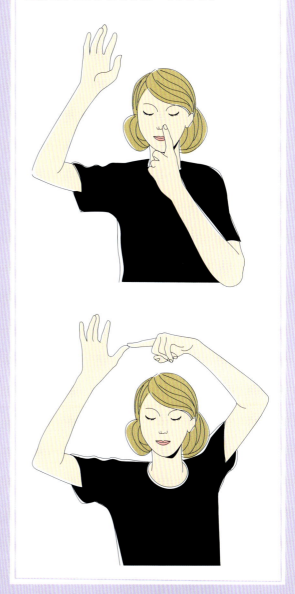

「考える」を考える

脳にある約1000億のニューロンは、全身から送られてくる驚異的な量の情報に対処しなければならない。また、過去をふり返ることから将来の計画を立てることまで、さまざまなことを考えるのも、脳の仕事だ。思考の過程で脳は重要でない情報を取りのぞくこともあるし、近道をしたり、判断したり、推測したりすることもある。

思考そのものについて考えることはメタ認知とよばれ、意思決定に重要な役割を果たす場合がある。あらゆる選択肢を見直すだけでなく、自分の知識や記憶の信頼性を確かめるのにも、メタ認知は欠かせないからだ。考えることは、日々の多様な問題の解決法を見つけるのも助けてくれる。

言葉のすごい力

脳は、言葉を使って自分を表現したり、ほかの人を理解したりする力をあたえてくれる。複雑なアイディアを考えたり、話したり、書いたりできるのも、それを表すシンボルとしての言葉を使えるからなのだ。

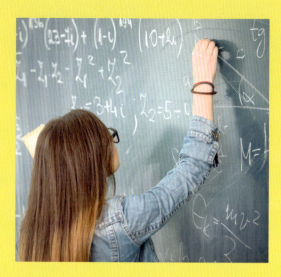

じっくり考える

複雑な問題を解こうとするときのように、ときには意識的に一生懸命考えることが要求される場合がある。とはいえ、たいていの場合、片手間に考えているにすぎない。並行作業のできる脳のおかげで、まったく別の活動をしながら何かを考えることが可能なのだ。

問題を解く

考えることで、日常生活で出合う問題はもちろん、むずかしい算数の問題から頭の体操やパズルまで、実に多様な問題を解くことができる。

空間認識

脳は3次元で考える能力をあたえてくれる。周囲の空間を立体的に思いうかべ、そのなかを移動できるのはそのおかげだ。この能力は空間認識能力とよばれ、物体をあつかったり、通り道を見つけたりするのに欠かせないし、ほとんどのスポーツできわめて重要な役割を果たす。

注意！注意！

　脳は、あらゆる感覚からの膨大な量のデータをたえず受け取っている。おしゃべりで騒がしい学校の昼休みや、大量の視覚情報があふれるにぎやかな通りにいるようなものだ。その一方であなたは、誰を誕生日パーティーによぶか決めたり、前に読んだ何かを思い出そうとしたりと、ありとあらゆることを考える。すべて合わせれば途方にくれるような情報量になる。いくら脳がすごいといっても、何もかも全部に対処することはできない。

　そこで脳は情報をフィルターにかけ、重要でないとか、興味をひかないだろうと考えるデータ（見ず知らずの人たちのありきたりな会話など）をすてて、重要と考えられる情報に意識を集中しようとする。たとえば、前方での突然の動きとか、散らかし放題の自室でさっきから探している制服のセーターを見つけるという大事な仕事とかに。

赤	青	黄	緑	紫
紫	青	赤	黄	青
赤	黄	緑	赤	緑
緑	黄	赤	青	紫
緑	黄	紫	紫	青

ストループ効果

注意力は干渉を受けることがある。アメリカ人心理学者のジョン・リドリー・ストループが1935年に発見してくわしく記述して以来、ストループ効果として知られるようになった現象だ。上記の文字にできるだけすばやく目を通し、それぞれの文字が意味する色ではなく、実際に印刷されている色をいってみよう。かかった時間を測り、再び文字に目を通して、今度は文字をそのまま読み上げる。

2回目のほうが速いことがわかるはずだ。文字自体が、正しい色をすばやくいう能力に干渉するからだ。つまり、文字の意味が邪魔をするため、それに逆らって色の名をいうのは、ただ文字を読み上げるのより、脳の注意をたくさん必要とするのだと考えられる。

６つの品物を探せ

データはまず感覚記憶に入るが、そこには非常に短い時間しか保持されない。脳がこのデータに注意を向けないかぎり、消去され、失われる。上の絵を見て、下にあげた６つの品物を探してみよう。

・サクランボ
・シマウマ
・安全ピン
・ボタン
・オルゴールのキー
・タツノオトシゴ

この作業だけに注意を集中すれば、割合短時間で見つけられるはずだ。

次に、席を立ってしばらく別のことをしてから、戻ってきて絵を見る。この24時間に食べたあらゆるものを声に出していいながら、さっきと同じ６つのものを探そう。きっと最初のときより時間がかかるだろう。注意が２つの異なる作業に分割されるからだ。

見つけてね！

マジックの目くらまし

しっかり集中しているかな？ 自分ではそのつもりでも、脳は注意散漫になったり、ひとつのことに注目してほかは目に入らなくなったりすることがある。マジシャンは何かから観客の注意をそらすために、しばしばこれを利用する。

このテクニックは、観客の脳が注目するような大げさな動きや華麗な身ぶりを使う。そうやって、トリックの肝心な部分である別の動きやものから注意をそらすのだ。

2枚の写真はどこが違う？

「変化の見落とし」とは、注意をそらされたせいで脳が視覚刺激の変化を見落とすという傾向のことだ。バスケットのプレーヤーたちの写真（左上）を数秒見つめてから、隣の写真をよく見てみよう。こちらの写真には灰色のしみがたくさんある。これが注意をそらして、2枚の写真の重要な違いに気づくのをむずかしくしている。どこが違うかわかるかな？ 答えは63ページにある。

ボール投げのトリック

脳は、物体が何らかの見慣れた動きをするだろうと考える。マジシャンはときにこの予想につけこみ、単純なボール投げのトリックで、観客を間違った方向に導く。使うのはスポンジボールで、マジシャンはそれを2回、まっすぐ上に投げ上げる。3回目には、ボールを指で握りしめたまま、同じように投げ上げる動作をして、上がるボールを見ているかのように頭を動かす。観客の脳はそれまでに見たことに基づいて何が起こるかを予想し、予想されるボールの動きを追う。そして、ボールが消えたように見えるので、面くらってしまう。

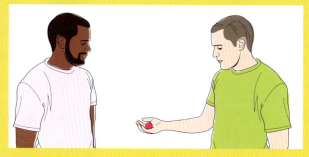

投げ上げる前に、手のなかにあるボールを見せる。

マジシャンと観客の頭がボールの動きを追う。

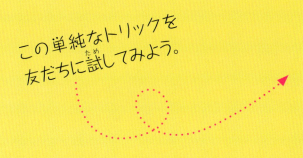

この単純なトリックを友だちに試してみよう。

本当にボールがあると予想して、観客の頭は見せかけの投げ上げを追う。

カードが消える？

左にあるカードをよく見て、1枚選ぶ。しっかり覚えたらページから目をそらして20数え、次に右の7枚のなかからそのカードを探そう。見つかるかな？ なんと、あなたの選んだカードが消えている！？ じつは、カードはすべて別のカードに変わっている。自分の選んだカードにすっかり注意が集中しているので、ほかのカードの変化にまで気が回らず、「なぜ、よりによって自分の選んだカードが消えたのか？」と驚くというわけだ。

推測ゲーム

　頭蓋骨のなかに閉じこめられている脳は、さまざまな感覚と、それらが生み出す大量のデータに頼っている。絶対確実という自信がもてず、せいいっぱいの推測をしなければならないことも多い。最善の推測をするために、脳は形を認識したり、思い出したり、利用したりする能力に頼って、処理をスピードアップする。

　こうした近道のいくつかは知覚作用にあり、感覚が生み出すあらゆるデータの意味を読み取る。そのほかは経験的な事実認識に基づくもので、脳は記憶に頼って最善の推測あるいは想定をして、手もちの情報の空白をうめる。

三角形はいくつある？

右の1組の画像を見てほしい。大きな白い三角形が2つ見えるだろうか？　三角形は全部でいくつあるかな？　答えはなんとゼロ。実際には、三角形はひとつも描かれていない。物体がいくつか集まっていると、脳はそれを全体でひとつのものとして見る傾向がある。空白部分を無視して心のなかで線や角を加え、画像をもっとなじみ深いものに変えてしまうのだ。これは心理学用語で「主観的輪郭」とよばれる。この幻の三角形は、1955年にこれをくわしく記したイタリアの心理学者ガエタノ・カニッツァにちなんで、カニッツァの三角形として知られている。

何が見えるかな？

何か新しいものやなじみのないものに出合うと、脳は記憶にあるデータや形を思い出し、それを利用して、一致するものを見つける。そうやって正体を確認するのだ。右の図をよく見てほしい。最初は不規則な黒いしみの集まりにしか見えない。だが、さらに見つめていると、あなたの脳は、記憶にあるなじみ深い形を図の右手のほうから組み立てはじめるかもしれない。どんな形かな？　答えは63ページにある。

しんぼう強く見つめ続けよう……。
脳はやがて、ある形を
見分けるはずだ。

2人の関係は？

2人の配管工が水もれする流し台の修理をしている。配管工Aは配管工Bの息子だが、BはAの父親ではない。そんなわけがないって？　そう思うのは、あなたの脳がものごとにレッテルをはって分類し、なじみ深いパターンを探し出すのが好きだからだ。過去に役に立ったというので、脳はそのパターンが真実だと信じている。その結果、特定の仕事につくのは男性だけというような思いこみにおちいることがある。たとえば、プロのボクサーとか、配管工とか……。絵のなかの配管工たちが男性だという思いこみを捨てれば、答えは明らかになる。Bは女性で、Aの母親というわけだ。

配管工A　　　配管工B

知能とは何か？

知能には、言語的知能（言葉を理解して使う能力）、音楽的知能（音程や階調、リズムを聴き分けたり聴き取ったりする能力）、身体運動的知能（物体をあやつったり、体の動きを調和させたり、多様な身体的スキルを使ったりする能力）など、さまざまな形がある。

たとえば論理的・数学的知能にめぐまれた人たちは、計算したり方程式を解いたりすることが得意なだけでなく、論理的な思考にも強い（40～41ページ参照）。

多重知能

この大道芸人は楽器をひきこなす音楽的知能を披露しているだけではない。演奏のかたわら、方角の見当をつけて通行人に道を教えて、言語的および空間的知能も示している。かせいだ金額を計算するときには、論理的・数学的知能も発揮することだろう。

言語的知能

言語的知能が高いというのは、読むのが速く、人の話や書かれたものから情報を容易に取り入れ、話したり書いたりする形で自分をうまく表現できるという意味だ。ときには、外国語を容易に習得できるという意味でもある。言語的知能の要素のひとつに、多くの用語を習得して、それを引き出せるという能力がある。そこで、簡単な言語的知能テストをしてみよう。「verbally（言葉で）」のアルファベットをバラバラにして、そのなかのいくつかを組み合わせて、別の単語をつくってみよう（固有名詞は入れない）。何個つくれるかな？ 10個以上なら優秀。20個以上ならチャンピオンだ！（＊訳注：英語を母国語とする人を基準）答えは63ページにある。

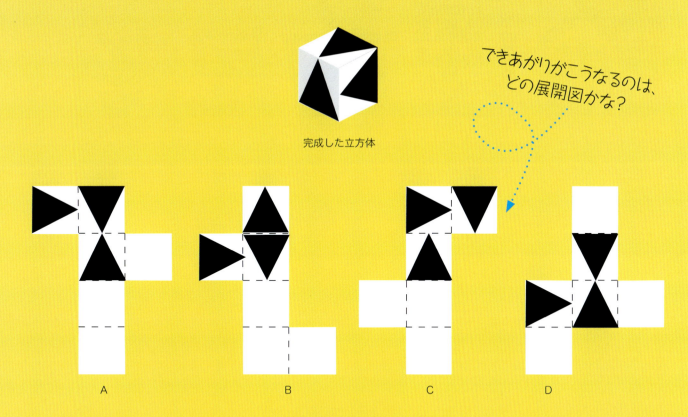

できあがりがこうなるのは、どの展開図かな？

完成した立方体

A　B　C　D

空間的知能

形や空間を認識して3次元で考える能力を空間認識または空間的知能という。空間的知能が高い人は、迷路をぬける道を見つけたり、視覚パズルを解いたり、機械の構造や動くしくみを理解したり、地図を読んだりするのが得意かもしれない。ここにあげた2つのクイズで、空間的知能をテストすることができる。まず、折り曲げてこの立方体をつくれるのは4つの展開図のうちどれか、考えてみよう。次に、4組の形のうち、組み合わせて平行四辺形をつくれるのはどれか、考えてみよう。答えは63ページにある。

平行四辺形になるのはどの組み合わせかな？

完成した平行四辺形

A　B　C　D

39

論理的思考とは何か？

　論理とは、断片的な情報がたがいにどう関連するかを理解し、明確に考え、推測をしながら、すでに知っている事実から正しいと思われる答えや結論を導き出す道筋のことだ。論理的な主張の組み立てに使うのは言葉で表された事実で、これを命題という。

　命題はじっくり考えたうえで、真実か嘘かが解明される。関連があるいくつかの命題を用いることで、結論を推定することができる。たとえば、「あらゆるほ乳類には肺がある」、「クジラはほ乳類である」という2つの命題から、「あらゆるクジラには肺がある」という結論が導かれる。

新しいテレビを買う論理

人は日々、何かを決めるために論理を使う。下記のフローチャートは、故障したテレビの買いかえに関する論理的な言説の短いつながりを表している。論理的思考の別の例として、一連の質問によってトランプのカードの種類を当てるというものがある。カードは赤か黒か、絵のカードか数字のカードか、絵なら女性か男性かをたずねる。もし答えがすべてはじめにあげたほうなら、そのカードはハートかダイヤのクイーンだと推測できる。

「新しいテレビを買いたい」

「テレビは電器店で売っている」

「だから、テレビを買うには電器店に行けばいい」

各辺の和を同じにしてみよう

数独やカックロのような数字を使うパズルやゲームでは、使うのは数学的なスキルよりむしろ論理的な考え方だ。そうしたパズルを楽しんだり解いたりするのに必要なのは、数字を正しく足し算する能力だけなのだ。左の数字パズルについても同じ。丸い空白部分に4、5、6、7、8、9のどれかを入れて、三角形の各辺の和が同じになるようにしてみよう。答えは63ページにある。

論理的な考え方を使って
パズルを解いてみよう。

ラベルの誤りを正せ！

論理パズルは、こうしたらこうなるというふうに、考えられる結果を論理的にたどれば解ける、ちょっとした物語や課題であることが多い。ひとつ、例をあげよう。果物の売店に行くと、箱が3つある。ひとつ目の箱のラベルはパイナップル、2つ目はバナナ、3つ目はパイナップルとバナナだ。しかしラベルはどれも間違っている。店の主人に頼めば、どれかひとつの箱から中味を1個だけ取り出してもらえる。それだけの情報で、どうやってラベルの誤りを正すことができるだろうか？　答えは63ページ。

問題を解決する

　脳は品ぞろえの豊富な道具箱のようなものだ。さまざまな種類の道具、つまりテクニックが装備されている。それらを使って、暗号を解読することから、慣れない町で目的地への行き方を見つけることまで、脳はさまざまな問題を解くことができる。

　ときには、論理だけで十分、問題を解決できることもあるが、記憶から重要な情報をよび出したり、2つの異なるものごとのつながりを見ぬいたり、脳が受け取ったデータにひそむパターンを見分けたりしなければならない場合もある。

「ハノイの塔」に挑戦してみよう

　試行錯誤には、いくつかの可能な解決策をためして、どれがうまくいき、どれがダメかを知り、失敗から学んで、最後には解答にたどり着く過程がふくまれる。多くの人は試行錯誤をしながら、「ハノイの塔」のパズル（下図）に取り組む。これは個人の問題解決スキルをテストする、なかなかむずかしいパズルだ。次の3つのルールにしたがって、それぞれの円盤を右端の塔に移すことをめざす。

1. 1度に円盤をひとつだけ動かすことができる。
2. 一番上になっている円盤だけ、動かすことができる。
3. 小さな円盤の上に大きな円盤を重ねることはできない。

攻略法を知りたければ、インターネットで探せば、いくつか見つかるよ。

ルールにしたがってこの塔にすべての円盤を積み上げよう。

人が一番眠らない月は？

記憶からすでに知っている事実をよび出せば、問題を解くのに役立つことがある。質問形式の次のなぞなぞもそうだ。

「人が一番眠らないのはどの月か？」
答えは63ページにあるが、自分が知っていることについて十分時間をかけて考えてから、見ること。

42

オークションの心理

論理と想起以外の要素が、問題解決や決定の方法に影響をあたえることもある。感情も決定に影響をおよぼすことが多い。たとえば、オークションでは、待ったなしのハラハラドキドキのせいで、予定していたより高い値をつけてしまうことがある。競りに勝ちたいという強い思いや、負けることへの恐れというまた別の感情が、そうした行動にかり立てる。

今度何かを決めるときは、その決定がどれくらい論理の影響を受け、どれくらい感情の影響を受けたものか、考えよう。

同じ8ポンドの差なのに……

論理に基づかない決定の例をもうひとつあげよう。タブレットのケースを買いに行くと、値段は10ポンドだったが、明日からのセールではたった2ポンドに値下げされる。その1週間後に行くと、タブレットは499ポンドだが、翌日は491ポンドになるという。あなたはどちらの場合も、すぐに買う？ それともセールの日に出直す？ もし論理だけを当てはめるなら、両方とも同じ行動をするはずだ。節約できるのはどちらも8ポンドだからだ。ところが、調べてみると、ほとんどの人はケースのほうは安くなるまで待つのに、タブレットのほうについては出直そうとしないことがわかった。

感情の秘密

わたしたちは毎日さまざまな心の動き、つまり感情に向き合っている。たとえば、誰かの新しい服をうらやんだり、何かをしなかったことを後ろめたく思ったりするかもしれない。あるいは、いい知らせに驚き喜んだり、何かをやりとげてほこらしく感じたりすることもあるだろう。感情は、美しい景色を目にするとか怖い映画を見るというように、周囲の状況によって引き起こされることもあるし、ほかの人々やその話し方に対するあなたの反応から生まれることもある。

感情とは恐怖や嫌悪、怒り、喜びなど、奥深くからわいてくる心の動きで、脳にも体にも影響をおよぼす。恐怖にかられて危険から逃げ出すとか、喜びのあまり体の力がぬけるとかいうように、恐怖であれ、喜びであれ、感情は人の行動に影響をあたえる。

これは心からの笑顔といえるだろうか？

このほほえみは本物か？

ときには、人は本当の感情を隠そうとすることがある。たとえば、親せきの家を訪ねたときにうんざりしているのを隠そうとしたり、誰かの失敗を喜んでいるのをごまかそうとしたりする。本当は嫌なのにうわべだけ同意する場合、人はよくつくり笑いをするが、たいていは、顔の筋肉の動きから、本物の笑顔でないことがばれてしまう。このほほえみは本物だと思う？　それともにせものだと思う？

感情は同じでも……

昔、人は生き残るために、感情に頼って、危険を見きわめて身を守った。今では、人生設計をしたり、教室で誰の隣に座るか、何を買うかというような日常のありふれたことを決めたりするために、感情にたよることのほうが多い。

さてどうする？
感情にしたがおう……。

扁桃体と感情のつながり

感情がどのように作用するのか、まだ完全にわかっているわけではない。ただ、脳のなかの扁桃体とよばれる小さな領域（左図の黄色の部分）が、たとえばあやしい音や視覚情報などに対する感情反応の多くにかかわっていることが、科学的に証明されている。

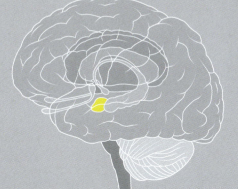

感情の伝え方

顔の表情やボディランゲージから話し言葉まで、人はさまざまなテクニックをもっており、それを使って、自分が感じていることや考えていること、思いついたことなどを他人に伝えることができる。2つ以上のテクニックが同時に使われることが多い。

感情と体の関係

　感情は複雑で強力な奥深い心の動きで、大脳辺縁系、身体変化、人生で直面するさまざまな状況とかかわりがある。ある感情をいだいたときには、恐怖や怒り、喜びや驚きといった心の動きだけでなく、心臓の鼓動が速くなったり遅くなったりというように、身体的な感覚もともなう傾向がある。

　血みどろのシーンを見ると嫌な感じを受ける。その嫌な感じは、嫌悪の感情としてだけでなく、吐き気という身体的な反応としても感じられることがある。感情は次に起こることに対して心と体、両方の準備をさせるようだ。たとえば、ほうびをもらうためにあることをしたいと思わせたり、急に激しく体を動かさなければならない事態に備えて心拍やその他の身体システムを高めたりする場合がある。

色で感情を見る

思いがけず誰かにバツの悪い思いをさせてしまった場合、あなたは当惑を「感じる」だろうが、体のほうは、頬への血流を増加させて赤面させるという反応を示すかもしれない。さまざまな感情によって体の各部分が異なる反応を示すようだが、2013年に報告されたフィンランドの画期的な研究で図解された（下の画像を参照）。赤と黄色の部分は感覚の高まりが感じられたところで、感覚が低下した部分は青や黒で表してある。

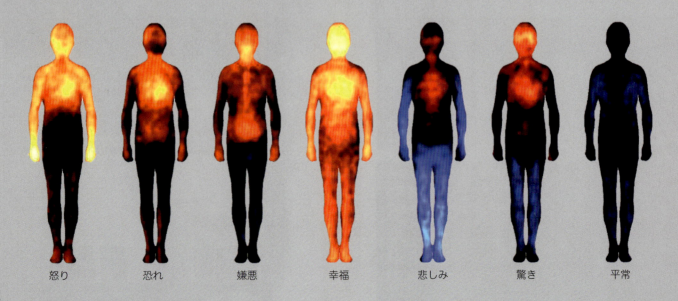

怒り　　恐れ　　嫌悪　　幸福　　悲しみ　　驚き　　平常

感情で動く

まず体に変化が起き、それを心が解釈するので感情に気づくのか、それとも、体の変化は脳が感情を感じた結果として起こるのか、まだ科学的に確かなことはわかっていない。わかっているのは、感情が行動や多くの意思決定に影響をおよぼすということ。広告を手がける人たちはこのことをよく知っている。また、人はときには他人の心の状態をおぼろげながら感じとることができ、その気もちを理解して、それに応じた対応ができる。これは、共感とよばれる。

感情につけこめ！

広告には、他社の車よりスピードが出るとか燃費がいいと宣伝する広告のように、理性に訴えるものもある。けれども多くの広告は感情をねらい撃ちにする。このタイプの広告は、たとえば、ある製品を買えばどんなに楽しい思いをするか、他人からどれほど高く評価されるかといったことを宣伝する。左にあげた使用前・使用後の顔を見せる化粧品の広告のように、外見に対する自信のなさにつけこむ広告もあれば、恐怖心、たとえば、仲間はずれになりはしないかという不安につけこむものもある。

これはどのような感情につけこんでいるか、わかるかな？

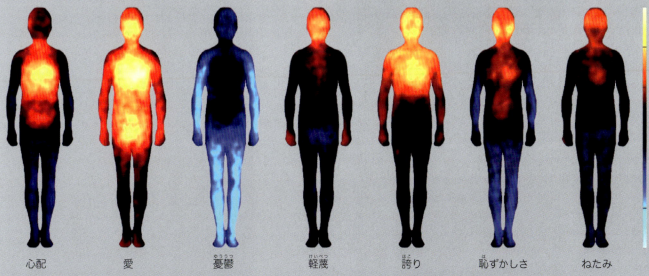

心配　愛　憂鬱　軽蔑　誇り　恥ずかしさ　ねたみ

47

言葉ではない「言葉」

　人はさまざまな集団のなかで生活し、働き、学び、遊ぶ。その集団に支えられたり、生き残る手助けをしてもらったり、教えられたり、楽しませてもらったりする。人の脳にはほかの人々とつき合うためのしくみが整っているうえ、話し言葉を理解する能力にたけている。いわれている内容も、口調もわかるのだ。

　人の脳にはまた、何もいわれなくても、他人の感情に気づく能力がある。言葉以外の言語、たとえば顔のさまざまな表情や身ぶり（幸せそうに手をひらひらさせる、くやしそうに地面をける、など）といったボディランゲージを通じて察知するのだ。

顔で気もちを表す

顔はいってみれば、絵のようなものだ。顔を使って、自分の気もちや、相手の言葉をどう感じたかを伝えることができる。また、ほかの人の顔を「読む」ことで、その人がどう感じているのかを知ることができる。2014年に行われた人の顔についての研究では、コンピュータを使って、畏れから、笑い交じりの嫌悪まで、誰にでもできる21種類の顔の表情を類型化した。左図は同じ人物がいろいろな表情をしている写真。6枚の写真はそれぞれどのような感情を表しているか、わかるかな？　たぶん、たいていは正しくいい当てられることだろう。63ページの答えと比べてみよう。

体で気もちを表す

体全体の姿勢や、頭、腕、足の位置や動きはすべて、感情を表すことができる。それを使って、ほかの人たちまたはその言動に対する気もちを伝えることができる。たとえば、誰かのほうに身を乗り出すのは、その人への好意や、発言への同意を示すことが多い。あるいは、体の後ろで手を組むのは、「緊張しています」というメッセージを伝えていると考えられる。右端の人物のボディランゲージは、防御、攻撃、無抵抗のうちのどれを示しているか、わかるかな？ 答えは63ページにある。

腰に手を当てるのは、主導権をにぎって自信満々であることを示すことが多い。

両足をそろえるのは、無抵抗または服従を示すことがある。

この人のボディランゲージは何を示しているか、わかるかな？

誰かに向かって足を組むのは、好意や同意を示すことがある。

人とうまくやれる能力とは

言葉に頼らない非言語的コミュニケーションを読み取って他人の感情を理解できるということは、対人知性、つまり「人とうまくやっていける」スキルがあるしるしだ。対人知性が高い人は自分の気もちや考えを伝えるのがじょうずなだけでなく、ほかの人の感情や、何が原因でそのような言動をしているのかを見きわめるのも得意だ。容易にほかの人の視点に立つことができるので、集団内でのほかの人たちとの衝突や意見の食い違いを解消するのがうまい。

49

恐怖症を探る!

危険を察知して恐怖を感じることは、人が生まれながらにもっている「サバイバルツール」だ。危険な状況になると、脳の奥深くにある扁桃体が、恐怖を感じるメカニズムの引き金を引く。大脳の前頭部が脅威を分析し、副腎がアドレナリンなどを体内に放出する。

こうしたしくみによって心拍数や呼吸数が上昇し、筋肉への血液供給が増加して、体をたちまち活動状態に押し上げる。こうしたしくみが、どんな激しい活動をしてもいいように、体に準備をさせるのだ。そのおかげで、危険からすばやく逃げることもできるし、危険と闘うこともできる。これは「闘争・逃走反応」とよばれる。

わたしをなでて!

水とサメ、どっちが危険？

海で泳いでいるとき、命を落とす原因となりやすいのは、水とサメ、どっち？ 脳は危険をもたらす可能性のあるもののリスクを分析して、順位づけしようとするが、いつも正確にできるとはかぎらない。たとえば、恐怖心がリスクの判断をゆがめることがある。心底怖いものについては、実際に自分が出合うリスクを高く見積もりすぎるのだ。逆に、それほど恐ろしいと思えないものごとや状況については、現実にリスクがあるにもかかわらず、軽視する傾向がある。5つのリスクからなる左の図を見てみよう。死をもたらすリスクが高い順に並べたらどうなるか、考えてみよう。

答えは合っていたかな？

正しいリスクの順番は、車、水（溺死）、ハチ、飛行機、サメとなる。サメは怖いと思うかもしれないが、実際のリスクは小さい。サメに殺される人は世界中で年に平均4.4人にすぎない。ところが、ハチに殺される人は年平均500人前後になるし、2013年に飛行機事故で亡くなった人は459人だった。こうした数字も、年に何万人にもなる溺死者や交通事故による何十万人もの死者に比べれば、ささやかなものだ。しかし、飛行機の墜落事故のような大惨事は記憶に焼きつけられるので、飛行機にのるのはとても危険だと感じるのだろう。脳が、そうしたできごとが自分に起こるリスクを強調しすぎるのだ。

クモをなでてみよう

恐怖症とは、あるものや状況に対する恐怖心をふりはらえず、どうしてもそれを避けずにはいられない状態をいう。よく知られた恐怖症としては、クモ恐怖症、高所恐怖症、飛行機恐怖症などがある。恐怖症の人は、逃げ出したいという強烈な願望だけでなく、めまいや心拍数の増加といった身体的な症状にも襲われることがある。恐怖の対象を写した写真にさえ触ることができない場合もある。では、やってみよう。あなたは本当にクモ恐怖症なのだろうか？ それとも、覚悟を決めれば、左の写真に触ってなでることができるだろうか？

思い出してごらん……

　記憶は、脳が過去の体験や情報を保存して維持し、思い出す能力だ。さまざまな日常作業のやり方から、知っている顔の見分け方まで、記憶には、人が覚えているあらゆることがふくまれる。神経科学者や心理学者は、短期記憶と長期記憶、潜在記憶と顕在記憶というように、記憶をいくつかのタイプに分けている。

　顕在記憶とは、たとえばウェブサイトへのログインのためのパスワードのように、意識的に保存して思い出そうとする記憶のことだ。潜在記憶とは、毎日何げなくやっていることのように、深く考えずに取り出せる記憶をいう。

手続き記憶とは

手続き記憶とは、泳ぐときの手足の動きとか、靴ひもの結び方のように、過去に習得した行動や技能のやり方を思い出すことをいう。これはそれほど深く考えなくても実行できる行動や技能なので、潜在記憶といえる。

「エッフェル塔はパリにある」

意味記憶は世界についての知識を保存するために使う記憶だ。そこには概念やアイディア、法則、事実、言語について知っていることがふくまれる。たとえば、あなたの意味記憶は、「エッフェル塔はパリにある」という事実を保存しているはずだ。

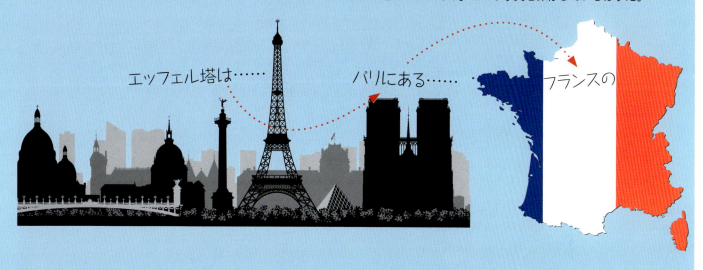

エッフェル塔は……　　パリにある……　　フランスの

遠い日の思い出

人の記憶は絶対確実にはほど遠い。時とともに薄れることもあれば、思いどおりに保存されていないこともある。必要とするほどすばやく正確に思い出せないこともある。暗示に引っかかって、間違ったことや実際には起こらなかったことを記憶として信じこんでしまうことさえある。

脳のなかの自伝

エピソード記憶は、個人的な事実やできごとで構成される、いわば私的な自伝だ。訪れたことのある場所、特定の状況でいだいた感情から、はじめてのペットの名前や、朝食に卵を食べた記憶まで、幅広い内容がふくまれる。

53

短期記憶・長期記憶

　脳にはいくつかのタイプの記憶が備わっている。たとえば作業記憶は情報や脳が行った計算結果を処理するための場所だし、短期記憶は時々刻々起こっていることを短時間記録する。

　短期記憶は感覚から得られたごく最近の体験の一時保管場所だ。体験は非常に短い間、感覚記憶とよばれるまた別のタイプの記憶に保存される。情報がいったん感覚記憶を離れると、短期記憶に渡されないかぎり、失われてしまって思い出すことはできない。

● 1. 感覚からのデータは感覚記憶に入り、そこでごく短時間保持される。

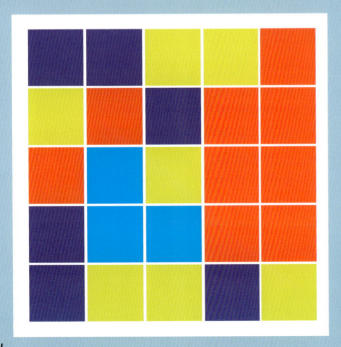

記憶テストをしてみよう

左の正方形を10秒間見つめれば、短期記憶をテストできる。見つめたら正方形を紙でおおって、次のページの質問に答えてみよう。

消える記憶

もしあなたが感覚記憶からのデータに注意を向ければ、そのデータは短期記憶に入る可能性が高い。短期記憶はきわめてかぎられた容量しかない。心理学者のジョージ・ミラーは、実験の結果、次のような結論に達した。人の短期記憶は7個前後の情報しか保持できず、スペースがかぎられているため、定期的に中味を空にする必要がある。短期記憶は15～20秒しか続かないという。何らかの方法で処理されない場合、短期記憶の情報は消えて、新しい情報に場所を譲る。

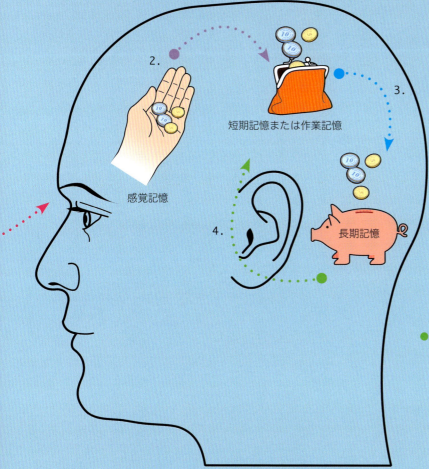

● 2. あなたがデータに注意を向ければ、それは短期記憶に入る。

短期記憶または作業記憶

感覚記憶

長期記憶

● 3. 何らかの方法で処理されると、データは記号化されて長期記憶となる。

● 4. 長期記憶となったデータは、短期記憶または作業記憶として取り出すことができる。

記憶テスト質問

1. マス目の色で一番多かったのはどの色か？
2. マス目の色で一番少なかったのはどの色か？
3. 四隅のマス目はそれぞれ何色だったか？

残る記憶

もし脳が、短期記憶のなかにある何かが自分にとって重要だと判断すれば、それは記号化される。つまり長期記憶に保存できるような形に加工される。こうして保存された情報は後で取り出すことができる。これまでにわかっているかぎりでは、その人の命が続くかぎり、長期記憶が保存できる情報量に制限はない。ただし、情報によっては、取り出しがいつも容易だったり、可能だったりするとはかぎらない。

思い出せるかな？

　前ページにあった財布の色を覚えているかな？　手の上に何枚コインがあったかは？　思い出せなくても、だいじょうぶ。記憶力に何の問題もなくても、いつでも望み通りに何でもかんでも思い出せるわけではない。

　記憶力をテストしたり、訓練したりするには、さまざまなやり方がある。12〜25品目の買いものリストを暗記するのもいいし、だんだんに桁数を増やしながら、耳で聞いた一連の数字を復唱する方法もある。

記憶力テストをしてみよう

この簡単なテストで、短期記憶をテストすることができる。いろいろなものがのった下図のトレイを45秒間よく見たら、本を閉じて、思い出せるものをすべて書き出す。書き終えたら、本を開いてチェックしよう。全部思い出せたかな？　このテストをほかの人にもやってもらおう。次に、下図をおおって、右ページの一番上にある一回り小さなトレイを見てほしい。大きなほうのトレイにあって、小さなほうにないのは、何かな？

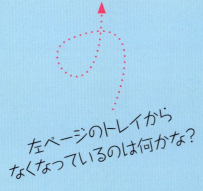

左ページのトレイから
なくなっているのは何かな?

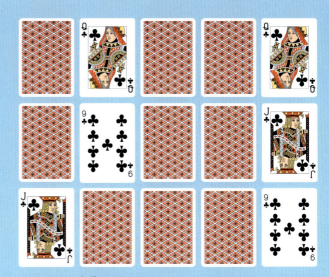

ペアを探そう

もうひとつ、誰もが知っている記憶力訓練法に、トランプの神経衰弱ゲームがある。2組のトランプから同じカードを15枚ずつ取り出し、よく混ぜ合わせてから、ふせて何列かに並べる。1度に2枚のカードをめくって、同じカードのペアをつくる。もし2枚が合っていれば、めくったままにしておく。合わなければ、もと通りにふせて、再度挑戦する。

見た通りに描く

見たものを細部まで正確に思い出す記憶力をテストしてみよう。左の図を15秒間よく見て覚える。本を閉じて、覚えた形を描いてみよう。どれくらい似ていたかな? たいていの人は、円を2組に曲線2本というところまでは、だいたい正しく描ける。しかし、曲線が外側の円につながっていないことが多い。形を構成する各要素を数えたり名前をつけたりしながら覚えると、覚えやすいことがわかるだろう。

記憶をよび起こすもの

　人は連想を利用して異なる記憶を関連づけることが多く、何かひとつを思い出すと、ひとりでに別のことも思い出す。同じタイプの記憶である必要はない。たとえば、好きな食べものを表す言葉を思い出すと、その味や匂い、あるいは見た目についての視覚記憶もいっしょによび起こされることがある。

　連想を使えば、驚くほどはっきりと思い出すことができるが、脳は常に正しい連想をするとはかぎらないうえ、暗示にも驚くほど引っかかりやすい。そのため、実際には起こらなかったできごとやなかったものの記憶がつくられることがある。これはニセの記憶、虚偽記憶とよばれる。

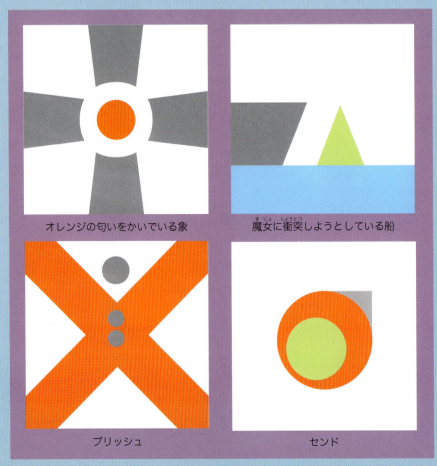

オレンジの匂いをかいでいる象　　　魔女に衝突しようとしている船

ブリッシュ　　　　　　　　センド

記憶に残りやすいのはどれ？

これらの単純な漫画は、なぞなぞといたずら書きを足して2で割ったようなものだ。見せられた人はこれが何の絵か推測するわけだが、答えはしゃれやおふざけであることが多い。4枚の絵を20秒間見つめてほしい。2枚は冗談めかした題がついていて、2枚は無意味な題がついている。本を閉じて、記憶に頼ってこれらの絵を描けるかどうか、やってみよう。上の2枚のほうが思い出しやすいのに気づいただろうか？　脳にとっては、何か意味のあるラベルや名前のついているもののほうが、ついていないものよりも覚えやすいのだ。

ニセの記憶

左にある2つのリストをよく見てから、本を閉じる。席を立って、5分間、何かほかのことをした後、紙と鉛筆をとって、両方のリストに共通する言葉を書き出す。書き終えたら、答えを確かめてみよう。「枕」と「夢」は確かにどちらのリストにもある。でも、「睡眠」も書かなかったかな？ それはリスト1にしかない。脳はリスト2の睡眠や寝室関連の言葉にまどわされて、虚偽記憶をつくり上げたのだ。

リスト1	リスト2
卵（たまご）	毛布
枕（まくら）	枕
テーブル	ベッド
散歩	保温カバー
かさ	夢
ロケット	夜
睡眠（すいみん）	テディー
イス	目覚め
リンゴ	光
夢	マットレス

テニスボールを見て何を連想する？

テニスボールから何を連想？

連想は個人の体験や記憶に基づくものなので、何を連想するかは人によってさまざまだ。テニスボールを見て、ある人は、テニスやイチゴ、夏の雨など、夏に関連したことを思い出すかもしれない。また、ある人はテニスボールでサッカーの練習をしたことがあって、スポーツホール、シュートを決めたこと、ひいきのチームや選手などを連想するかもしれない。温室の窓（まど）ガラスをテニスボールで割られたばかりの園芸愛好家は、あまり楽しくない連想をすることだろう。

脳は変化する

脳の成長が起こる部分

脳はずっと同じではない。子宮のなかで急激に形成され、出生後に急速に発達し、生きている間ずっと変化し続ける。たとえば、前頭葉皮質は成人になるまで成熟しない。脳は経験によって形づくられ、ニューロンの結合相手を変更しながら、各部分をみずから再編成する能力がある。これは、脳の可塑性とよばれる。

年をとるにつれ、ニューロン間のつながりの数は減少する傾向がある。つまり、理論的には、今、あなたは両親よりかしこいわけだ！　脳のさまざまな部分を使う新しい課題に挑戦することは、脳の活動を維持し、新しい神経回路をつくるための頭の体操にうってつけだ。たとえば、楽器の演奏やはじめてのスポーツに取り組むのもいいし、ジャグリング（右ページ参照）のような新しいスキルを習得するのもいい。

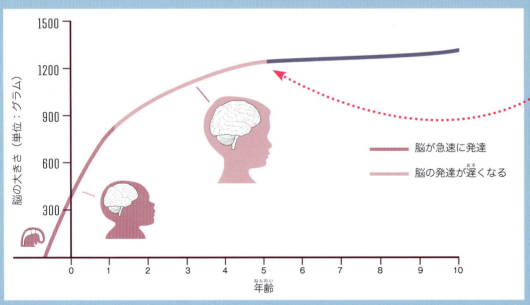

5歳になるころには、発達はすっかり遅くなっている！

― 脳が急速に発達
― 脳の発達が遅くなる

脳の大きさ（単位：グラム）
年齢

発達する脳

わたしたちのすばらしい脳も、最初は母親の子宮のなかで胚の外皮からつくられたちっぽけな中空の管にすぎない。受精後11週ほどで大脳が大きくなりはじめ、脳が形をとりはじめる。新生児の脳は成人とほぼ同じ数、約1000億のニューロンをもっているが、重さは300〜400グラムと、成人の脳の4分の1程度しかない。3歳になるころには、ニューロン間に無数のつながりが生まれるのにともなって、脳の重量はかなり増えている。3歳で海馬も成熟するので、記憶を維持できるようになる。

ジャグリングで脳を変えよう

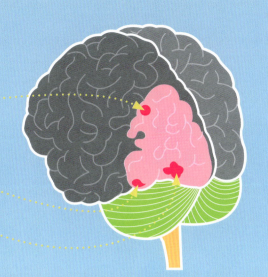

ジャグリングの練習を続けよう。そうすれば、脳が変わるかもしれない！ レーゲンスブルク大学の研究で、ジャグリングを習う前、習得後すぐ、やめてから3カ月後と、3つのグループの脳スキャンを行った。すると、ジャグリングを学ぶと脳のいくつかの部位で新しい回路ができ、脳の成長が起こることがわかった（左図参照）。ところが、ジャグリングをやめて3カ月後のスキャンでは、脳はジャグリングを学ぶ前の状態にほぼ戻っていた。というわけで、脳の発達については、明らかに次のようにいえる。使わなければダメになる！

ボール3個のジャグリングを学ぶ

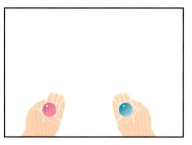

体の前に出した両手にボールをもち、腰の高さに構える。

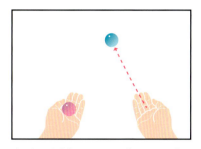

右手を内側にスイングさせてボールを投げ上げ、上がったボールが左手の上にくるようにする。

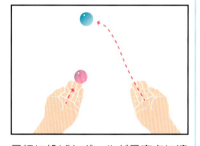

最初に投げたボールが最高点に達したとき、左手のボールを右手の上、同じくらいの高さになるように投げる。

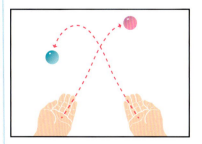

2つのボールを投げては受け止めることをくり返す。ボールが落ちてきたら、すぐにまた投げ上げる。

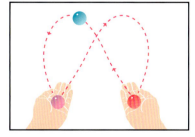

3つ目のボールを右手に加える。前と同じように最初のボールを投げ上げる。それが最高点に達したとき、2番目のボールを投げ上げる。

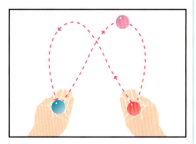

2番目のボールが最高点に達したとき、3番目を投げる。投げ上げと受け止めをくり返して、リズムをつくる。

用語解説

角膜
目の前面の透明な部分で、虹彩と瞳孔をおおっている。

間脳
脳の一部分で、感覚器官からのシグナルを脳のいろいろな部分に中継する。

固有受容感覚
自分の体の各部分がどこにあるか、つねに把握できるようにしてくれる感覚。

視細胞
目にある特殊な細胞で、桿状体および錐状体からなり、光を脳に送られる電気シグナルに転換する。

視神経
情報処理のためのシグナルを、目から脳へ運ぶ神経線維の太い束。

シナプス
神経細胞間の小さなすきまで、シグナルはここを飛び越えて、細胞から細胞へ伝わる。

神経科学者
神経系の研究を専門とする科学者。

神経伝達物質
メッセンジャーとして働き、神経細胞間のシグナルの中継を助ける物質。

脊髄
神経線維の太い束で、脊柱のなかを脳幹の末端から腰まで走っている。

対人知性
他人を理解し、つき合って、うまくやっていける能力。

大脳
脳のなかで最大の部分で、左半分と右半分、つまり半球に分かれている。各半球とも、前頭葉、頭頂葉、側頭葉、後頭葉、島葉、辺縁葉の6つの葉をふくむ。

大脳辺縁系
感情の調節を助け、学習や記憶にも重要な働きをする一連の脳組織。

知覚
見たり、聴いたり、触れたり、味わったり、かいだりしたものを理解する能力。

中枢神経系
神経系のうち、脳と脊髄からなる部分。

痛覚受容器
さまざまな形の痛みを検知する特殊な神経細胞で、脳に伝達されるシグナルを送り出す。

内分泌系
ホルモンとよばれる化学物資を体内に送り出す、さまざまな分泌腺からなるシステム。ホルモンは体の多くの部分の調節と維持を助ける。

ニューロン
専門用語で神経細胞のこと。神経系にあってシグナルを伝える特殊な細胞。

認知
思考、学習、情報記憶など、脳が意識的に行う過程。

脳の可塑性
脳がその生涯の間に変化し、みずからを配線し直す能力。

非言語的コミュニケーション
言葉を使わず、表情や姿勢、手ぶりなどで情報を伝えるやり方。

ホルモン
内分泌系がメッセージを伝達するために使う化学物質。

網膜
目の後部にある、光に敏感な細胞の層。

レム睡眠
睡眠中、閉じたまぶたの下で眼球が激しく動くことをレム（急速眼球運動）といい、それをともなう睡眠のこと。

ＥＥＧ
Electroencephalogram（脳波図）の略語。頭皮などにつけた電極を使って、脳のニューロンの電気的な活動を記録したもの。

解答

p.34 マジックの目くらまし
2枚の写真はどこが違う？：2枚目の写真ではバスケットボールが消えている。

p.37 推測ゲーム
何が見えるかな？：立っているダルメシアン（白黒の模様をもつ犬）を横から見た姿が見える。

p.38-39 知能とは何か？
言語的知能：verbally からつくることができる 26 の単語は次の通り。

a, able, ale, all, alley, bale, ball, bare, bay, bear, bell, blare, brave, by, label, lay, rally, rave, real, really, vale, valley, vary, verb, verbal, yell

空間的知能：立方体になるのはA、平行四辺形になるのはC。

p.41 論理的思考とは何か
各辺の和を同じにしてみよう：4 から 9 の数字を下図のように置けば、各辺の和がいずれも 17 になる。

ラベルの誤りを正せ！：店の主人に、パイナップルとバナナというラベルの箱から果物を取り出すように頼む。ラベルは正しくないので、2種類ではなく1種類の果物しか入っていないはずだ。だから、もし主人がパイナップルを取り出したなら、その箱はパイナップルの箱だとわかる。すると、バナナというラベルの箱には、ラベルが間違っていることからしてバナナではありえず、またパイナップルの可能性もなくなったため、バナナとパイナップルが入っているとわかる。したがって、最後に残ったパイナップルというラベルの箱は、バナナに違いないということになる。

p.42 問題を解決する
人が一番眠らない月は？：2月はほかの月よりも日数が少ない。したがって夜も少ないので、寝る時間が一番少ない。

p.48-49 言葉ではない「言葉」
顔で気もちを表す：表情はそれぞれ次のような感情を表している。

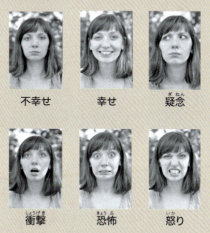

不幸せ　　幸せ　　疑念

衝撃　　恐怖　　怒り

体で気もちを表す：右端の人物は、防御のボディランゲージを示している。

写真クレジット

p.2 © Betacam-S/Shutterstock.com; p.5 © Iynea/Shutterstock.com; p.6 © Eric Isselee/Shutterstock.com; p.7 © Skripnichenko Tatiana/Shutterstock.com; p.8 © wowomnom/Shutterstock.com; p.9 © Gordana Sermek/Shutterstock.com; p.9 © SerdarCelenk/iStock; p.9 © Bruce Rolff/Shutterstock.com; p.15 © Ollyy/Shutterstock.com; p.17 © Denis Kuvaev/Shutterstock.com; p.18 © Wellcome Dept. of Cognitive Neurologuy/Science Photo Library; p.19 © atipp/Shutterstock.com; p.19 © James King-Holmes/Science Photo Library; p.19 © Ganna Demchenko/Shutterstock.com; p.20 © Photostock-Israel/Science Photo Library; p.20 © Dudarev Mikhail/Shutterstock.com; p.21 © Eye of science/Science Photo Library; p.21 © Aspen Photo/Shutterstock.com; p.21 © B & T Media Group Inc./ Shutterstock.com; p.23 © Skripnichenko Tatiana/ Shutterstock.com; p.30 © pking4th/Shutterstock.com; p.31 © Matt_Brown/iStock; p.31 © Popartic/Shutterstock.com; p.31 © Zurijeta/Shutterstock.com; p.33 © Hidden Expedition: Smithsonian Hope Diamond, courtesy Big Fish and Eipix Entertainment; p.34 © efecreata mediagroup/Shutterstock.com; p.38 © duckycards/iStock; p.43 © Lewis Tse Pui Lung/Shutterstock.com; p.43 © Ana Blazic Pavlovic/Shutterstock.com; p.44 © Elnur/Shutterstock.com; p.44 © M. Unal Ozmen/Shutterstock.com; p.44 © Veronica Louro/Shutterstock.com; p.45 © Volodymyr Burdiak/Shutterstock.com; p.46 Image courtesy of PNAS and Lauri Nummenmaa, Enrico Glerean, Riitta Hari and Jari Hietanen, from the article: Bodily Maps of Emotions, PNAS, vol. 111, no. 2, January 14 2014, pp646-651; p.47 © Vladimir Gjorgiev/Shutterstock.com; p.47 © Sergiy Bykhunenko/Shutterstock.com; p.48 © badahos/Shutterstock.com; p.49 © drbimages/iStock; p.49 © Hans Kim/ Shutterstock.com; p.49 © mimagephotography/Shutterstock.com; p.49 © Wavebreak Media/Thinkstock; p.50 © Eric Isselee/Shutterstock.com; p.51 © Steve Mann/Shutterstock.com; p.51 © alex_187/Shutterstock.com; p.51 © Jorg Hackemann/Shutterstock.com; p.51 © Mogens Trolle/Shutterstock.com; p.51 © irabel8/Shutterstock.com; p.52 © S.Pytel/Shutterstock.com; p.53 © Yurkalmmortal/Shutterstock.com; p.53 © Andrei Marincas/Shutterstock.com; p. 53 © Artem Zhushman/Shutterstock.com; p.53 © Olesia Bilkei/Shutterstock.com; p.59 © DeanHarty/Shutterstock.com; p.59 © Kitch Bain/Shutterstock.com; p.59 © MaraZe/Shutterstock.com; p.59 © Iroom Stock/Shutterstock.com. All illustrations by John Woodcock, © Ivy Press 2015.

脳と目の科学・2　だまされる脳

2016 年 2 月 16 日　初版 1 刷発行

著者／クライブ・ギフォード　訳者／日向やよい
（翻訳協力　株式会社トランネット）

DTP　高橋宣壽

発行者　荒井秀夫
発行所　株式会社ゆまに書房
　　　　東京都千代田区内神田 2-7-6
　　　　郵便番号　101-0047
　　　　電話　03-5296-0491 （代表）

ISBN978-4-8433-4799-7 C0047
落丁・乱丁本はお取替えします。
定価はカバーに表示してあります。

Printed and bound in China